黙示録のヨハネ
&モーセの予言

人類に未来はあるのか

大川隆法
Ryuho Okawa

本霊言は、2010年9月3日、幸福の科学総合本部にて、
質問者との対話形式で公開収録された。

まえがき

本書収録の二霊言《れいげん》が降《くだ》った二〇一〇年九月三日現在では、質問者も、会場の聴衆の大多数も、黙示録《もくしろく》のヨハネの予言や、モーセの予言は、ほとんど信じていなかったと思う。既に発刊されている、『エドガー・ケイシーの未来リーディング』（幸福の科学出版刊）や『世界の潮流はこうなる』（幸福実現党刊）でさえ、厳しすぎると感じていたはずだ。

ところが、その後、九月十四日に民主党の菅首相の続投が決まり、尖閣列島《せんかくれっとう》での中国漁船事件が起きると、にわかに、日中関係は緊張し、中国、北朝鮮、ロシアが、三国同盟を結びかねない気配である。しかも沖縄の日本人たちは、選挙でアメリカ海兵隊を追い出したがっており、菅政権は日中の外交問題を、沖縄の那覇地検に責任転嫁《てんか》しようとしているありさまだ。この恐怖の予言書は、実に冷静な論理的なものかもしれないという気がしてくる。

二〇一〇年　十月六日

宗教法人幸福《しゅうきょうほうじんこうふく》の科学総裁《かがくそうさい》　大川隆法《おおかわりゅうほう》

人類に未来はあるのか　目次

第1章　人類滅亡《めつぼう》のシナリオ

二〇一〇年九月三日　黙示録《もくしろく》のヨハネの霊示

第2章　「第二の占領《せんりょう》」に備えよ

二〇一〇年九月三日　モーセの霊示

第1章

人類滅亡《めつぼう》のシナリオ

二〇一〇年九月三日　黙示録のヨハネの霊示

黙示録《もくしろく》のヨハネ

『新約聖書』の最後に位置する『黙示録』の作者（十二使徒のヨハネとは別人）。小アジアの諸教会で活躍《かつやく》した。現在は、八次元如来界《にょらいかい》において、エリヤ、ノストラダムスと共に、人類の歴史や未来図が記された「アーカーシャーの記録」を管理する仕事をしている（『黄金の法』〔幸福の科学出版刊〕参照）。『黙示録』は、生前、魂《たましい》が天上界《てんじょうかい》へ趣《おもむ》き、「アーカーシャーの記録」を読み取ったものである。

〔質問者二名は、それぞれA・Bと表記〕

1　人類の未来を霊人《れいじん》の責任で語ってもらう

大川隆法　この夏は、連日、三十五度を超《こ》えるような暑い日が続いており、みなさんも参っておられると思うので、少し〝寒く〟なるような話でも聴《き》いて（会場笑）、クーラー代わりに使えないかなと考えています。

前回、エドガー・ケイシーの予言（『エドガー・ケイシーの未来リーディング』〔幸福の科学出版刊〕所収）を収録したときに、黙示録《もくしろく》のヨハネの予言も録《と》ろうと思ったのですが、エドガー・ケイシーのほうから、「あまりにも怖《こわ》いから、やめなさい」と、ストップがかかりました。

それで、彼は、「私が中道《ちゅうどう》の予言をします」と言っていたのに、「人類の未来は五パーセントしかない」という、怖い予言をして帰りました（会場笑）。そのため、「あれで中道ならば、黙示録のヨハネが予言をしたら、どうなるのだろう」と、みな、かなりショックを受けたようです。

黙示録のヨハネに語らせたら、人類の未来はマイナス何十パーセントぐらいになるのでしょうか。禁じられると、よけいに気になります。本当はどうなのか、「見るな」と言われれば見たくなるし、「するな」と言われればしたくなるし、「聞くな」と言われれば聞きたくなるのが人間です。

あのような言い方をされると、かえって気になりますし、そのあと、しばらく時間もたっているので、呼んで訊《き》いてみることにします。また、モーセあたりも危機の予言などは好きかもしれないという気が若干《じゃっかん》するので、〝出《しゅつ》エジプト〟を命じるかどうかは分かりませんが、モーセにも訊いてみようかと思います。

内容について、事前に予告されている感じからすると、私も一蓮托生《いちれんたくしょう》で責任を負うのは少し怖い感じがしないわけでもありません。そこで、今日は、あくまでも、できるだけ主観を排除《はいじょ》して、意識を透明《とうめい》にし、眠ってはいないが、「眠れる予言者エドガー・ケイシー」の感じに近づいて、彼らの言いたいことを言わせるかたちにしたいと思います。

その意味で、たとえ『太陽の法』『黄金の法』『永遠の法』（いずれも幸福の科学出版刊）等の私の著書と、まったく正反対のことを言ったとしても構わないことにします。いろいろな意見があってもよいので、「いちおう意見として聞いておく」ということで、私の理性のコントロールはかけず、自由に語らせることにしますので、その点はお許しいただきたいと思います。

それを言っておかないと、おそらく、彼らも十分に語れないだろうと思います。エドガー・ケイシーが、あれだけ「やめなさい」と言う以上、何か怖いことを言うに違《ちが》いありません。〝銀座の占《うらな》い師《し》〟と〝上野の占い師〟では、同じことを言わない可能性はありますが、それは当然であり、口封《くちふう》じをしてはいけないと思います。

ただ、今日の二人の予言でも、ヨハネとモーセでは言うことが違うかもしれません。正反対のことを言う場合もあると思います。

今日は、できるだけ新しい予言を引き出したいと思うので、質問者も、これまで質問していない、新しい人にお願いしました。

本来、霊言集《れいげんしゅう》の内容に関する責任は著者に発生しますが、今回に限り、「内容に責任を持たない」ということを、あらかじめ私のほうから申し上げておきます。「あくまでも霊人の意見であり、著者および幸福の科学は、一切《いっさい》、その内容や結論に責任を持たない」という前提で語ってもらうことにします。

この世の占い師でも、いろいろなことを言うことがあり、よいことを言う人もいれば、悪いことを言う人もいます。「何を重視して言うか」の違いがあるだけで、ある意味で、どちらも当たっていることはあります。

例えば、「早死にする」ということについて、「幸福ですね」と言うこともあれば、「不幸ですね」と言うこともあるわけです。「長生きすれば、つらいことをたくさん経験しなければいけなかったのに、経験せずに済んで幸福ですね」という言い方もありますし、「早く死んで不幸ですね」という言い方もあります。

これは、ものの見方なので、結論が違っているように見えても、本当は違わないのかもしれません。

2　日本は「黄金の時代」を迎《むか》えられるのか

大川隆法　前置きが長くなりましたが、よろしいですか。万一、あまりに〝ご禁制〟に触《ふ》れるようなところまで来た場合は、ストップをかける必要があるかもしれませんが、私はなるべく忠実に伝えますので、「大川隆法ではない」と思って訊《き》いてください。

では、「人類に未来はあるのか」と題して、なるべく大きな未来予言をやってみたいと思いますので、「明日《あした》、何を食べたらよいか」というような、あまり小さなことは訊かないでくださいね（笑）。すぐに結果が出てしまうような予言ではなくて、なるべく、予想ができない大きな話を訊いてくれたほうがよいと思います。

（一回、大きな深呼吸をし、約二十秒間の沈黙《ちんもく》ののち、五回、深呼吸をする）

黙示録のヨハネ、黙示録のヨハネ、黙示録のヨハネ、黙示録のヨハネ。

黙示録のヨハネ、黙示録のヨハネ、黙示録のヨハネ。

降臨したまいて、幸福の科学において、あなたの予言を聴《き》かせていただきたく、お願い申し上げます。

黙示録のヨハネ、黙示録のヨハネ、黙示録のヨハネ。

黙示録のヨハネ、黙示録のヨハネを招霊《しょうれい》いたします。

黙示録のヨハネ、黙示録のヨハネ、幸福の科学総合本部に降臨したまいて、われらに人類の未来を指し示したまえ。

黙示録のヨハネ、黙示録のヨハネ。

（約四十秒間の沈黙）

黙示録のヨハネ　んん、んん、ん、ん、ん。（約二十秒間の沈黙）
ヨハネです。

A――　黙示録のヨハネ様でしょうか。

黙示録のヨハネ　そうだが。

A――　本日は、ご降臨を賜《たまわ》りまして、まことにありがとうございます。

黙示録のヨハネ　うん。

Ａ――　私は、宗教法人幸福の科学で財務を担当しております○○と申します。本日は、どうぞよろしくお願いいたします。

黙示録のヨハネ　そう……。

Ａ――　早速《さっそく》でございますが、質問をさせていただければと思います。

黙示録のヨハネ　うーん。

A――　まず、一つ目は、日本に関してです。

黙示録のヨハネ　うーん。

A――　最近、日本の没落《ぼつらく》に関する予言が数多く出てきておりますが、その一方で、大川隆法総裁の著書である『黄金の法』によれば、「日本は二〇二〇年から二〇三七年にかけて黄金の時代を迎《むか》える」ということが述べられております。

この日本の黄金時代について、また、それ以降の日本の将来に関して、黙示録のヨハネ様は、どのように見ておられるのでしょうか。何なりとお考えをお聴かせいただければと思います。よろしくお願いいたします。

私の目には、二十二世紀以降の日本は見えない

うーん。うん。

黙示録のヨハネ　（瞑目《めいもく》し、ビジョンを読み取っているように）

うん。うん。うん。うん。

まあ、残念だが、早めに、『黄金の法』は絶版にしておくことだな。

そうはならない。うん。

どう考えても、日本には未来がない。試みたのではあろう。そうなるべく、試みたのではあろう。それについては、いささか認めもしよう。

されど、今まで、あなたがたのやってきたことと、今、なしていることと、今後、あなたがたのなせることを考えたならば、「来《きた》るべき未来において、あなたがたが主役になって、ごく近いうちに黄金時代が開ける」ということは、まずあ

りえないと言わざるをえない。

まあ、教団として生き延びられるかどうかがかかっている、ギリギリのあたりかな。

財務をやっておるのか。早めに転職先を探しておきなさい。

A――　そうしますと、ヨハネ様の目には、日本の未来が、どのように見えておられるのでしょうか。

黙示録のヨハネ　まあ、もはや打つ手がない。打つ手がない。打つ手はないね。うん。

この失われた二十年は大きすぎる。政治的にも、経済的にも、教育的にも、宗教的にも、失われた二十年を取り返すことができない。この二十年が戦いであったと思うが、残念だが、あなたがたは、この戦いに敗れた。
だから、日本も地球も救えない。残念だった。
まあ、そういうことは、過去の宗教には、よくあったことである。「残念だった」と過去形で言うのは気の毒だと思うが、しかし、残念であった。

A――「日本の国としての存在自体が、何らかの危《あや》うい立場に追い込《こ》まれる」というお考えなのでしょうか。

黙示録のヨハネ　まあ、『黄金の法』を絶版にしたほうがいいと言っているのは、その黄金時代、「ゴールデン・エイジ」こそ、まさしく、日本が破滅《はめつ》の危機に陥《おちい》る時期だと思われるからだ。
あなたがたは懸命《けんめい》に戦おうとするだろう。しかし、あなたがたは敗れるだろう。

すでに敗れているように、未来においても敗れるであろう。残念であった。

A――　それは、日本以外の国からの脅威《きょうい》でしょうか、それとも、日本内部からの脅威でしょうか。そのあたりについて、具体的に何か見えておられるものがありましたら、お聴かせください。

黙示録のヨハネ　うん。日本という国はなくなるんだよ。日本人もなくなる。あなたも日本語をしゃべれなくなる。命があればよいと思え。

あなたがたは失敗したのだ。「失われた二十年」の間、惰眠《だみん》をむさぼり続けて、救世の事業を成し遂《と》げることができなかった。

自分たちの内部だけで「成功」を言っていたのだろう。最近、ようやく感じたかもしれないが、外部は、まったく反応もせず、動きもしていなかったのだ。

そういう、自他共に謀《たばか》った罪の結果は、崩壊《ほうかい》として最後に来るであろう。
残念であったな。

A――　そうしますと、やはり、隣国《りんごく》の中国とか北朝鮮《きたちょうせん》とか、そういった国々との関係において、日本の植民地化が非常に迫《せま》っていると見えておられるのでしょうか。

黙示録のヨハネ　まあ、植民地化であれば、まだありがたい。生かしておいてもらえるだろう。あなたがたの生活はあり、文化もまだ少しは残るだろう。だから、「植民地化なら、ありがたい」と私は言っている。
それ以下のものが来ても、おかしくないと言っているのだ。皆殺《みなごろ》しだ。

Ａ――　そうした日本の未来を変えるために、今、ここにいる私たちに、努力の余地は残されておりますでしょうか。

黙示録のヨハネ　ゼロパーセントだ。余地はない。

すでに失敗が大きすぎる。もはや救うことはできない。まあ、末期ガンで、「余命、いくら」というところかな。治せない。残念だったな。

ただ、「最後に、ホタルの光のごとく、かすかな光を放って、一つの文明が消えていった」ということが、誰《だれ》かの手によって歴史に書かれるであろう。

Ａ――　今、「文明が消えていった」と、おっしゃられましたが……。

黙示録のヨハネ　うん。私の目には、二十二世紀以降の日本など、どうしても見えないのだ。この文明はなくなる。残念であったな。

戦争と天変地異が同時に来て、世界の人口は十億に減る

A――　それは、「日本以外の国が台頭してくる」ということなのでしょうか。

黙示録のヨハネ　台頭するだけではなく、日本などは問題外であって、その他の国において、生き残りを懸《か》けた戦いが起きるであろう。

だから、日本などは、もう問題外なのだ。こんなものは、もう計算外になっていて、「そうではない大国の、どこが生き残るか」というゲームが、まもなく始まるだろう。

日本人は、あまりにも愚《おろ》かだったね。歴史に教訓を一つだけ遺《のこ》すことになるだ

ろう。「自らの力で自らを救おうとしなかった者は、生き残ることはできない」という教訓を歴史に遺すことになるであろう。

そして、「民主主義は最高の政治だ」と思っていたことも、神話として、これも葬《ほうむ》り去られることになるであろう。最後の政治形態に本当になってしまうだろうな。

まあ、あなたがたは、「人類は百億人に向かっている」と思っているんだろうけれども、その正反対で、生き残れる人類は、百億人どころか、十億人にまで減っていくだろう。

A―― 世界の人口が十億へと減っていくというお話ですが、日本という国の枠《わく》を少し広げて、具体的に……。

黙示録のヨハネ　日本などなくなるから、もう日本の話はどうでもよいのだ。

Ａ――　そうしますと、ヨハネ様には、今後、五十年後、百年後の地球の未来が、具体的に、どのようなかたちで見えておられるのでしょうか。

黙示録のヨハネ　だから、次はね、中国とインドとロシアとアメリカ、この四カ国で、生き残るところが一つだけになる。あとの三つは滅《ほろ》びる。日本だけではないのだ。一つしか残らない。

それが、二十一世紀から二十二世紀にかけての、未来の歴史となるだろう。

残念だが、あなたがたは敗れたのである。

Ａ――　今、おっしゃった、「アメリカ、ロシア、インド、中国のなかで、一つだけが生き残る」というのは、やはり、戦争などの影響《えいきょう》によるものでしょうか。

黙示録のヨハネ　戦争と天変地異とが同時にやってくるだろう。だから、もう地球自体が現代文明を滅ぼしに入っていると思う。うぬぼれた人類に対して罰《ばつ》が下るであろう。

今、あなたがたは、「今年の夏は暑い」とか言っておるが、気温を、ほんの十度か二十度上げただけで、ほとんど死に絶えるだろうよ。海面を、ほんの少し上げただけでも、死に絶えるであろう。隕石《いんせき》をぶつけただけでも、死に絶えるであろう。核《かく》兵器が飛び交《か》っただけでも、死に絶えるであろう。

あなたがたが死に絶える道は無限にあるのだ。それもこれも、すべて、自分たちの「共同の業《ごう》」によって生まれたものであると思う。

だから、「どの順番で国がなくなっていくか」ということだけだ。

Ａ――　今、「共同の業」ということを言われましたが、人類が抱《かか》えている「共《ぐ》業《ごう》」とは、具体的には、どのようなことを指しているのでしょうか。

黙示録のヨハネ　まあ、二十世紀の結果を見れば、もう滅ぼさなくてはいけないと思うね。

大きな戦争の時代を二つ経たが、それで人口がまだ増えているなどということが、ありえてよいわけではない。〝消毒〟せねばいかん時期が来ているのだ。だから、滅びが来るだろう。その滅びの姿を聴きたくば、言ってもよいけれども、ただ、まずは、自分たちの手で、滅びに至る扉《とびら》を開けるだろうな。

そのあとに、予想外のものが現れてくるだろう。

A――　その「予想外のもの」というのは、具体的には、やはり、地球以外のものといいますか、宇宙から来た存在も関係してくると考えてよいのでしょうか。

黙示録のヨハネ　うん。宇宙からも救おうとする者がいるが、救えないだろう。だから、「人類の未来は悲惨《ひさん》だ」と言わざるをえないな。宇宙からも介入《かいにゅう》して、救おうと努力はするが、それも成功しないだろうな。

それが地球そのものの意志なのだ。地球自体が、あなたがたを滅ぼそうとしているのだから、止《と》めることはできないし、まして、宇宙の星から来た者が止めることなど、とてもできない。

ノストラダムスは人類に「悔《く》い改め」のチャンスを与《あた》えた

Ａ――　少し視点を変えさせていただきます。以前、ノストラダムスの予言として、「一九九九年の七月に地球が滅びる」というものがありました。しかし、実際には、そうした大きなかたちで世界が滅びに至るような事態は起きませんでした。その理由としては、何があったとお考えでしょうか。

黙示録のヨハネ　いや、滅びは来るよ。うん。確かに来ると思うよ。「起きなかった」ということで安心しているだろうけれども、安心したときに滅びがやって来るだろうね。もっと大きなかたちで来るであろう。

予言者の性質として、危機を早めに言う人と、そうでない人とがいるけれども、ノストラダムスの一九九九年の予言は、人類に悔《く》い改めのチャンスを与《あた》えるためのものであったのかと思うな。

そのときに悔い改めておけば、未来は多少なりとも変えることができたのであろうけれども、滅びは来るであろう。

もう、すでに滅びに至る者が、「いつ、どのように滅びるか」ということを、そんなに細かく知りたいのか？「自分が、どのように解剖《かいぼう》されて死んでいくか」を、緻密《ちみつ》に聴きたいのか？　自分の命日を、あらかじめ知りたいのか？

チャンスはあった。だから、滅びの前に、予言者が出て危機を説く。人々に悔い改めのきっかけを与えるために。そして、しばらく様子を見る。そのあとに、本当のものがやってくるだろう。

まあ、私の見るところ、ほぼ運命は決まった。

二十二世紀以降の地球に住んでいるのは〝地球人〟ではない

Ａ――　少し時間軸《じく》を延ばしてお話をお伺《うかが》いしたいと思うのですが、二十一世紀から二十二世紀にかけて、人類はさまざまな問題に直面し、人口が減っていくと……。

黙示録のヨハネ　うん、まあ、人類というより、地球人は、もう、ほぼ死滅へと向かっていくであろうから、住んでいるのは、地球人ではない者だろう。地球人ではない者たちが住んでいるだろうな。

Ａ――　それは二十二世紀以降の地球においてでしょうか。

黙示録のヨハネ　まあ、二十一世紀から始まる。

だから、まあ、地球人が住まなくなって、そのあとに他の者が新しい文明をつくりに来るであろう。あなたがたは敗れたのだ。

しかし、滅びに至るときに、振《ふ》り返ってみれば、すべての説明はつくだろう。

二十二世紀以降に住んでいるのは、〝あなたがた〟ではないだろう。

人類の未来を変える可能性は「マイナス百パーセント」

A――　「現在、主エル・カンターレ、大川隆法総裁が地上に降りられている」という事実がございますが、このことが、今後の地球の未来と、どのようにかかわっているのか、お考えをお聴かせいただければと思います。

黙示録のヨハネ　あなたがたの主も敗れたのだ。あまりにも無能な弟子《でし》の集団を背負ったために敗れてしまった。

この無能な弟子の能力が百倍はなければ、目標を達成することはできなかっただろう。弟子は、足を引っ張っただけで、何ら力にはならなかった。残念であったな。

だから、宗教ならざる、悪魔《あくま》の勢力に加担するもののほうに、優秀《ゆうしゅう》な人たちが集まったのだ。それについては、以《もっ》て瞑《めい》すべしである。

残念だが、「弟子の力は蟻《あり》のような力でしかなかった」ということだ。

A――　そのような現実であるとしても、私たち弟子は、ゼロパーセントの確率を、一パーセントでも二パーセントでも……。

黙示録のヨハネ　ゼロパーセントではなく、マイナス百パーセントだ。

A――　では、そのマイナス百パーセントを、少しでもプラスに持っていけるように……。

黙示録のヨハネ　する必要はない。それは執着《しゅうちゃく》にしかすぎない。

それが地球の意志なのだから。あなたがたに、それを変える力はない。あなたがたの手のひらの上を歩いている蟻に、自分の運命が決められないのと同じだ。

動けば動くほど、その命の終わりは早いだろう。

宇宙では、すでに地球争奪戦《そうだつせん》が始まっている

A――　最後に、一点、お伺いいたします。

「天上界《てんじょうかい》には、アカシック・レコードといわれるものが存在する」と聴いておりますが、そのなかには、人類の歴史だけではなく、地球の未来図までが収められていると学んでおります（『黄金の法』第1章参照）。

そして、このアカシック・レコードは、「それを見ることを許された者が、どのように読み解くかによって、未来の見え方も変わってくる」というように説かれておりますが、このアカシック・レコードに関して、具体的なことを、何かお教えいただけないでしょうか。

黙示録のヨハネ　歴史は繰《く》り返すのだ。これから来るのはソドムとゴモラの時代の再現だ。だから、まあ、「滅びというものが予定されている」ということだな、過去、何度もあったように。

あなたがたも、過去の文明が一夜にして滅びたことを、数多く読んだのであろう。それを活字としてだけ読んだのであろう。それが、わが身に振りかかったら、どうであるかを考えればよい。

最期《さいご》の日は近づいている。そして、ごく一部の者のみが生き延び、また、人類ならざるものが、次の文明をつくるであろう。その人類ならざるものが次の文明をつくるに当たっても、激しい戦争が繰り返されるであろう。

もうすでに宇宙では地球争奪戦《そうだつせん》が始まっているのだ。「人類には未来がない」と見て、どの星の者たちがこの地球を占領《せんりょう》するかで、今、水面下では戦いが始まっている。

だから、今後、地球は地球として、地球人同士で覇権《はけん》争いをすることになるが、それを嘲笑《あざわら》うがごとく、天空において、次に地球を支配する者たちの覇権争いが、今、始動している。

過去、星レベルで文明が滅びたことなど、いくらでもあるのだ。「宇宙人リーディング」（『宇宙人との対話』『宇宙人リーディング』〔共に幸福の科学出版刊〕参照）をたくさん聴いていて、まだそれが分からないのか。

Ａ――　ありがとうございました。

私からの質問は以上とさせていただきます。

黙示録のヨハネ　うん。

A――それでは、質問者を交替《こうたい》させていただきます。

3　人類は危機を過ぎ越《こ》せるか

新しい文明に帰依《きえ》しなかった者は「宇宙をさまよえる民《たみ》」となる

B――　ヨハネ様、このたびは、質問の機会を賜《たまわ》り、まことにありがとうございます。

私は、指導研修局でソフト作成を担当しております○○と申します。どうぞ、よろしくお願いいたします。

ただいま、地球の未来について、たいへん厳しい予言をいただきました。「今の人類がほかの星の者に取って代わられる」ということですが、地球霊界《れいかい》には、五百億の魂《たましい》をはじめ、今、私たちをご指導くださっている諸如来《しょにょらい》・諸菩薩の方々もおられます。

こうした方々を含《ふく》めた地球霊界としての未来は、どのようになっていくのでしょうか。その点について、どのように予想しておられるか、お教えいただければと思います。

黙示録のヨハネ　新しい文明に帰依《きえ》する者は残り、帰依しなかった者は、宇宙をさまよえる民《たみ》となるであろう。「宇宙遊民《ゆうみん》となる」ということだ。地球上には、もはや転生《てんしょう》することはできなくなり、魂として宇宙をさまようことになるだろう。

まあ、そういう時代が五億年ぐらい続くことは、よくあることなのだ。

B――　五億年ですか……。

黙示録のヨハネ　そうだ。一つの星が滅《ほろ》びるときは、そんなものだ。君はね、毎日、蟻《あり》のように、小さな砂糖粒《つぶ》を運んでいるのさ。そうやって、一生懸命《いっしょうけんめい》、働いているから、「実りがある」と思っているんだろうけれども、君の頭上からエンパイアステートビルが崩《くず》れ落ちてこようとしているんだよ。

砂糖の一粒を運んでいる蟻には、その危機が分からない。「一生懸命、巣穴に砂糖を運び込《こ》みさえすれば、人類の未来は明るい」と思っているのだ。

「二〇一二年」「二〇二〇年」「二〇三七年」に人類の危機が来る

Ｂ――　そうした未来を変えるべく、今……。

黙示録のヨハネ　「変えられない」と言っているのだ。

だから、もう一回、言うよ。君は一匹《いっぴき》の蟻なんだ。いいかい？

蟻は、虫の死骸《しがい》や砂糖粒、あるいは木《こ》の葉の切れっ端《ぱし》を持って、一生懸命、巣穴まで何百メートルも運んでいくことをもって、「そうとう大きな仕事をしている」と思っているんだ。

それで、「巣穴に餌《えさ》を貯《た》め込《こ》みさえすれば、人類の未来は永遠に続く」と思っているんだが、「上からエンパイアステートビルが崩れ落ちてくる」と言っているんだ。どうやって防ぐんだ？

B――　しかし、そのためにこそ、主エル・カンターレがご降臨くださっているのではないでしょうか。

黙示録のヨハネ　あなたがたは主の力を増すことに失敗したのだ。それが、まだ分からないのか。

B――　主の御帰天《ごきてん》までは、まだ何十年かあります。その期間に何とかできないものなのでしょうか。

黙示録のヨハネ　何十年どころか、あなたがたには明日《あす》の命も分からないんだよ。一九九九年の次には二〇一二年が一つの節目になる。二〇一二年を人類が過ぎ越《こ》すことができるかどうかが大きなテーマだ。

もし、これを過ぎ越すことができなければ、あなたがたは、あと一年半で地上から消えてなくなる。

B――二〇一二年が一つの大きな節目になるのですね。

黙示録のヨハネ　そうだ。それを乗り越したら、次の危機が、もう一回、来るであろう。それは二〇二〇年だろう。

B――二〇一二年と二〇二〇年ですね。

黙示録のヨハネ　そうだ。そして、その次の危機が二〇三七年だ。

あなたがたの力は蟻《あり》の力のようなものにしかすぎない

B――一九九九年においては、「『太陽の法』と『繁栄《はんえい》の法』（幸福の科学出版刊）の普及《ふきゅう》を通じ、主エル・カンターレの九次元パワーによって、未来が水飴《みずあめ》のごとくねじ曲がり、予言された内容が大きく変わった」というように聞いております。

黙示録のヨハネ　それはね、君たちの教団のなかだけの話だよ。外は、まったく変わっていない。

Ｂ――　今、天上界《てんじょうかい》から数々の霊言をいただいておりますので、こうした霊言とともに、主の教えを弘《ひろ》めることによって、二〇一二年を何とか変えていきたいと思っています。

黙示録のヨハネ　去年、今年と、君たちは選挙もやってみただろう。そして、民意がどういうものであるか、もう分かったであろう。何も変える気はないのだよ。九九・何パーセントの人たちは現状を肯定《こうてい》しておるのだよ。

君たちの救世運動を「要《い》らない」と言っているんだよ。

B―― たとえ、そうであったとしても、やはり、私たちは、主の教えを伝えていき、世界を変えるべく訴《うった》えていく必要があると……。

黙示録のヨハネ　あなたがたは、そうやって努力しているように言っているが、われわれから見れば、言い訳をしているようにしか見えないんだよ。

その程度の仕事で、大きな仕事をしているつもりでいたことを、恥《は》ずかしく思うときが来るであろう。

「人類の危機の大きさに比べれば、あなたがたの力は蟻《あり》の力のようなものにしかすぎなかった」ということさ。

最近も、選挙で〝蟻の一穴〟さえ開けられなかったのであろう？　蟻以下だな。

Ｂ――　今、こうしてアドバイスをいただきましたので、これを機会に、蟻ではなく……。

黙示録のヨハネ　未来がないのだから、「これを機会に」と言っても、もう無駄《むだ》なんだ。そう言っているのが分からないのか。だから、葬式《そうしき》の準備を始めなさい。

Ｂ――　しかし、そうおっしゃられても……。

黙示録のヨハネ　日本の葬式なんだ。な？

今、パキスタンで洪水《こうずい》が起き、多くの難民が出ているけれども、本気になれば、国民全員をあの世に送るぐらい、簡単にできることなんだよ。あれは反省を迫《せま》っておるんだけどね。

日本人にも反省を迫る時期が来るであろう。

あなたがたは、十分、反省ができていないのさ。だから、駄目だね。

あなたがたは、私の言うことを「悪だ」と思うかもしれないけれども、実にフェアな判断をしているんだよ。これ以上、甘《あま》やかしたら、神が〝悪魔《あくま》〟となってしまう。

B――　人類に悔《く》い改めをさせるために、厳しい「神の手」が下るということでしょうか。

黙示録のヨハネ　いや、「もうすでに、『こんな人類は要らない』という判定が下っている」ということだ。

そして、幸福の科学は二十数年たったが、「役に立たなかった」という結論が出ている。

残念だったが、「蟻が何十匹集まっても、崩れ落ちるエンパイアステートビルを支えることはできない」ということを、私は客観的に述べているだけなのだ。

4　世界崩壊《ほうかい》の具体的なシナリオとは

アメリカが倒《たお》れ、イスラム教と唯物論《ゆいぶつろん》との決戦が始まる

司会　ヨハネ様、私のほうから質問させていただきたいと思います。先ほど、「今後のシナリオについて聴《き》きたいか」というお言葉をいただきましたが、もし、よろしければ、今後、日本や世界が崩壊《ほうかい》していく未来について、ある程度、具体的にお教えいただければ幸いでございます。

黙示録のヨハネ　まあ、日本は、もう、「まな板の上の鯉《こい》」かな。どう料理され

るかは、もう、自分たちの意志では決められない状態かな。他国の意志によって決められることになるだろう。

そして、政治的指導者には、判断を間違《まちが》える人を選んでいき続けるであろう。したがって、国民を護《まも》ることはできない。

また、マスコミの言論は、いつも間違えるだろう。それに基づく世論《せろん》によって、自らが滅《ほろ》びに至り、カルタゴのように、跡形《あとかた》もなく地上から姿を消すことになるだろう。生き延びる人は、奴隷《どれい》となった人だけであろうな。

だから、日本自体には、もはや、「自分たちを、どうするか」という判断権はなく、「外国が、日本をどうしようとするか」ということに懸《か》かっているであろう。

まあ、おそらく、キーになるのは中国とアメリカであることは間違いがないであろうけれども、アメリカという巨象《きょぞう》が倒《たお》れる瞬間《しゅんかん》を、まもなく見ることになるだろう。

あなたがたを護ってくれていると思っていた巨象が、まもなく倒れて、地響《じひび》きが地球上に響き渡《わた》るだろう。

巨象は、強いときには、あらゆる猛獣《もうじゅう》から、あなたがたを護ってくれるように見えたであろう。しかし、大地に倒れ、横たわり、虫の息になった巨象が、あなたがたを護ってくれることはないであろう。

そして、次なる猛獣が現れるであろう。その猛獣は復讐心《ふくしゅうしん》を心の内に抱《いだ》いている。「かつて自分たちがされた」と思っていること、そう信じていることと同じだけの苦しみを、あなたがたに味わわせようとするであろう。

そして、それを押《お》し止《とど》める力は、もはや地上には存在しないであろう。

あなたがたは、最後の戦い、本当の最後の戦いを、去年、挑《いど》み、敗れた。これで、日本の運命は決まった。

残念ではあるけれども、「この国を、どう解体し、どう滅ぼすか」は、次なる猛獣の自由となるであろう。あなたがたの戦いは虚《むな》しく終わり、全体主義が再びアジアに広がってきて、アジアの国々は食い尽《つ》くされることになるであろう。

しかし、その猛獣もまた、近い将来、先ほどの巨象に続いて倒れるであろう。その原因は複数あるであろう。政治的に、経済的に、そして、病気の面において、大いなる災《わざわ》いが降りかかるであろう。さらに、天変地異が、それに加わるであろう。

その間《かん》、その猛獣と隣《となり》の大国との間《あいだ》に、大いなる不幸な争いが起きて、死闘《しとう》を繰《く》り返すことになるであろう。

だから、サバイバルゲームなのだ。その猛獣が野望を果たすことができれば、アメリカを沈《しず》め、アジアやアフリカは、その支配下に置かれることになるであろうが、アジア・アフリカに広がりたるイスラム教と、その唯物論《ゆいぶつろん》との決戦が、やがて始まるであろう。

これは、もはや、正義の大国がなくなったあとであるので、まったく倫理《りんり》なき戦いとなるであろう。

こうして、人類は、十億人へと向かって人口を減らしていくことになるであろう。ヨーロッパは、その力を失っていくであろう。人類は、再び原始の時代に戻《もど》るかどうかの危機を迎《むか》えるであろう。

そのときに、天よりの使者が、多数、姿を現すであろう。人々は、それを神だと思って受け入れるであろう。しかし、残念ながら、また、そのなかに、人類を不幸にする者が入ってくるであろう。

あなたがたの救いは遠のいたと思われる。

料金受取人払郵便

荏原支店承認

1052

差出有効期間
平成24年9月
30日まで
(切手不要)

1 4 2 - 8 7 9 0

4 5 6

東京都品川区
戸越1丁目6番7号

幸福の科学出版(株)
愛読者アンケート係 行

フリガナ お名前	男・女	歳
ご住所 〒 都道府県		
お電話 ( ) −		
e-mail アドレス		

ご職業	①会社員 ②会社役員 ③経営者 ④公務員 ⑤教員・研究者 ⑥自営業 ⑦主婦 ⑧学生 ⑨パート・アルバイト ⑩他 ( )

ご記入いただきました個人情報については、同意なく他の目的で使用することはございません。ご協力ありがとうございました。

愛読者プレゼント☆アンケート

『人類に未来はあるのか』のご購読ありがとうございました。今後の参考とさせていただきますので、下記の質問にお答えください。抽選で幸福の科学出版の書籍・雑誌をプレゼント致します。（発表は発送をもってかえさせていただきます）

1 本書をどのようにお知りになりましたか。

①新聞広告を見て [朝日・読売・毎日・日経・産経・東京・中日・その他（　　　　　）]
②その他の広告を見て（　　　　　　　　　　　　　　　　　　）
③書店で見て　④人に勧められて　⑤月刊「ザ・リバティ」を見て
⑥月刊「アー・ユー・ハッピー？」を見て　⑦幸福の科学の小冊子を見て
⑧ラジオ番組「天使のモーニングコール」「元気出せ！ ニッポン」を聴いて
⑨BSTV番組「未来ビジョン」を視て
⑩幸福の科学出版のホームページを見て　⑪その他（　　　　　　　　　）

2 本書をお求めの理由は何ですか。

①書名にひかれて　②表紙デザインが気に入った　③内容に興味を持った
④幸福の科学の書籍に興味がある　★お持ちの冊数＿＿＿＿＿冊

3 本書をどちらで購入されましたか。

①書店（書店名　　　　　　　　　）②インターネット（サイト名　　　　　　　　　）
③その他（　　　　　　　　　）

4 本書へのご意見・ご感想、また今後読みたいテーマを教えてください。

（なお、ご感想を匿名にて広告等に掲載させていただくことがございます）

5 今後、弊社発行のメールマガジンをお送りしてもよろしいですか。

はい（e-mailアドレス　　　　　　　　　　　　　　）・いいえ

6 今後、読者モニターとして、お電話等でご意見をお伺いしてもよろしいですか。（謝礼として、図書カード等をお送り致します）

はい・いいえ

弊社より新刊情報、DMを送らせていただきます。
新刊情報、DMを希望されない方は下記にチェックをお願いします。

DMを希望しない □

三つのターニング・ポイントには何が起きるのか

司会　先ほどお話を賜《たまわ》りました、二〇一二年、二〇二〇年、二〇三七年のターニング・ポイントには何が起こるのでしょうか。それをお聴かせ願えれば幸いです。

黙示録のヨハネ　二〇一二年は、日本が植民地になるかどうかが決まる年だ。まず、そういうことが言えるだろう。

二〇二〇年は、日本という国が滅びるかどうかが決まる年だ。

二〇三七年は、人類が滅びるかどうかが決まる年だ。

司会　具体的には、どのようなことが起こると予想されるのでしょうか。

黙示録のヨハネ　もう分かっていることを訊《き》くでない。

司会　それは、核戦争《かく》などによって、人類自身の手で地球を滅ぼしていくのでしょうか。あるいは、フォトンベルトの接近や地軸《ちじく》の移動など、天変地異によるのでしょうか。二〇三七年の人類滅亡《めつぼう》の可能性は、どのようなかたちで起こるのでしょうか。

黙示録のヨハネ　まあ、滅亡する人は知らないほうがよろしい。

司会　分かりました。

宇宙の伝説として、滅《ほろ》びの物語が語り伝えられる

司会　最後に、一つ、お伺《うかが》いします。今、日本に救世主が現れていて、その日本が滅《ほろ》ぼされる事態が起きたときには、その反作用として、やはり、地球に大きな異変が起こるだろうと思います。もし二〇二〇年にそのようなことが起きた場合、それ以降の時代は、どのようになっていくのでしょうか。

黙示録のヨハネ　だからね、あなたがたは救世主の意味を誤解しているんだ。

イエスは、二千年前に、ゴルゴタの丘《おか》で十字架《じゅうじか》に架かって、この世的には滅び、その四十年後、今度は、イスラエル王国が滅びて、地上から姿を消した。

だから、価値観から見れば、本来の神の意図に反して、正反対のことが起きた

であろう。

しかし、やがて、それが「救世主伝説」となって、滅びが今度は復活へと変わっていったであろう。

あなたがたの主がイエスを超《こ》えるものであるならば、その滅びが次は「宇宙の伝説」へ変わるのだ。「地球レベルではない、大きな伝説として、その滅びの物語が語り伝えられるようになる」ということだ。

その物語を学ぶのは、あなたがた地球人ではなくて、新しく地球人になった者たちであるだろう。

それがエル・カンターレの〝正体〟だ。

司会　はい。分かりました。
質問は以上とさせていただきます。本日は、まことにありがとうございました。

大川隆法　（黙示録のヨハネに）ありがとうございました。

はい。〝気温〟が二、三度ぐらい下がりましたかね。冷え具合がよろしいようですが、モーセの予言で、もう一段、〝冷房《れいぼう》〟をかけましょうか。

第2章

「第二の占領《せんりょう》」に備えよ

二〇一〇年九月三日　モーセの霊示

モーセ

古代イスラエル民族の宗教的・政治的指導者。今から三千二百数十年前のエジプトに生まれる。イスラエル民族を率いて「出《しゅつ》エジプト」をなし、カナンの地を目指したが、その際、シナイ山にて、神より「十戒《じっかい》」を授かった。人霊《じんれい》としての最高霊域である九次元の存在。以前の霊言が『大川隆法霊言全集　第6巻・第24巻・第25巻・第43巻』〔宗教法人幸福の科学刊〕に収録されている。

〔質問者二名は、それぞれC・Dと表記〕

1 モーセの目に映る「日本の未来」とは

人類の未来に関し、モーセの予言を聴《き》く

大川隆法 「人類に未来はあるのか」というテーマに関して、九次元霊《れい》モーセの予言を聴《き》いてみたいと思います。

内容的に、黙示録《もくしろく》のヨハネの予言（第1章参照）と、まったく同じであることはないと思いますが、モーセも迫害《はくがい》を受けた人なので、多少、似た面が出るかもしれません。

では、呼びます。

（約十秒間の沈黙《ちんもく》）

九次元霊モーセ、九次元霊モーセ、九次元霊モーセ。
幸福の科学総合本部に降りたまいて、われらに人類の未来を教示したまえ。
九次元霊モーセ、九次元霊モーセ。
幸福の科学総合本部に降りたまいて、われらに人類の未来を教示したまえ。
真実から、われわれの質問に答えてくださるよう、お願い申し上げます。

（約二十五秒間の沈黙）

モーセ　モーセです。

C――　モーセ様、本日は幸福の科学総合本部にご降臨を賜《たまわ》り、まことにありがとうございます。

モーセ　うん。

C――　また、幸福の科学の救世運動の初めより、尊いご指導、ご支援《しえん》を賜りまして、心より感謝申し上げます。

モーセ　うん、うん。

C――　私は総合本部指導研修局の◯◯と申します。

モーセ様に、人類の未来について、幾《いく》つか質問させていただきたいと思います。

モーセ　うん。

日本の「戦後の成功」の裏側には、同じだけの失敗が隠《かく》れていた

C――　先ほど、黙示録のヨハネ様より、人類の未来について、厳しいご見解を賜りました。九次元大霊であられるモーセ様の目には、今、この日本の未来が、どのように映っておられるのでしょうか。教えていただければ幸いでございます。

モーセ　（約三十秒間の沈黙）うん。やはり、厳しいね。やはり、厳しいと言わざるをえないですね。

日本には六十五年の繁栄《はんえい》があったので、そのくらいの苦しみは、今後、続くかもしれません。未来は厳しいと思います。

それは、主として、指導者の誤りによって引き起こされるでしょう。

「どのような指導者を戴《いただ》くか」ということが、やはり、民族の徳そのものでもありましょう。「自分たちを救い、導く人を、指導者に戴けなかった」ということであるならば、不幸な未来については、その民族が責任を取らねばならないでしょう。

残念ながら、今の趨勢《すうせい》で行けば、日本人に何らかの責任は生じると思います。

C―― 分かりました。

先ほど、ヨハネ様からは、「直近では二〇一二年が一つの大きな節目になる」と言われましたけれども……。

モーセ　それは、アメリカと中国の姿勢が大きく変わる年だろうね。おそらく、アメリカが日本を護《まも》らなくなり、中国が、日本を支配することを決定づける何かを起こすだろうね。

C――　われわれも、それを予測して、去年、今年と戦ってまいりましたが、これから先、われわれが、そうした事態を回避《かいひ》するためには、具体的に、どのようなことに取り組んでいけばよいのでしょうか。

モーセ　戦後を成功と見た面もあるだろうが、「その裏側に、同じだけの失敗が隠《かく》れていた」ということに、日本人が気づき、反省しないかぎり、あなたがたの力が実在化し、救済のパワーに変わることは困難であろう。

よく戦っているつもりであることは私も認めるけれども、残念ながら、スズメ一羽を落とすのに、散弾銃《さんだんじゅう》を使っても撃《う》ち落とせないでいるような状況《じょうきょう》に近いように感じられます。

幸福の科学の職員や信者に「最も欠けているもの」とは

Ｃ――　われわれ幸福の科学の職員および信者に最も欠けているものは何でしょうか。

モーセ　（約十五秒間の沈黙）基本的に信仰心《しんこうしん》がなかったね。信仰心がなかったのではないだろうか。二十年間、信仰心がなく、株式会社をつくっていたのではないかな。それが間違《まちが》いであったと思う。

宗教になっていなかったと思うね。だから、人に対して影響力《えいきょうりょく》が十分に及《およ》ばなかったし、自分たち中心主義であったと思える。

本当の意味で宗教になり切れなかったと思う。おそらく、悲劇が起きてから、やっと宗教の側面が現れてくるかもしれません。今のところ、「宗教ではなく、発展する企業《きぎょう》を目指している」と言わざるをえないですね。

C――　そうした危険性、傾向性《けいこうせい》は、重々、承知しているつもりです。今、総合本部の幹部をはじめとして、幸福の科学のイノベーションを図《はか》っているところでございます。

モーセ　黙示録のヨハネの言ったことが全部正しいかどうかは、何とも言えませんけれども、「一つだけ正しい」と言えることは、「あなたがた、教団の弟子《でし》たちの力が百倍以上は必要だった」ということです。これだけは正しいと思う。

そのくらいでなければ、これほど近くに来る危機を避《さ》けるだけの力は、たぶん、ないだろう。百年後に来る危機なら避けられるかもしれないが、間近に迫《せま》っている危機を避ける力は、たぶん、ないだろうな。

人々は、愚《おろ》かなものであるから、自分の身に危険が及ばなければ、何も、考え直すことも、反省することもないのだよ。それについては、しかたがあるまい。

神の愛されたユダヤの民《たみ》も、数百年にわたって奴隷《どれい》の状態に置かれたこともあれば、国が滅《ほろ》ぼされて二千年も全世界に散らばったこともあるのだから、日本人が〝選ばれた民〟として、同じ運命を辿《たど》ることだって、ないとは言えないだろう。

日本人は戦後の反省が足りなかったね。自国を、もっと、きちんとした国につくり上げなくてはいけなかったと思う。

残念ながら、今のままでは、この国を護ることはできないだろう。

自国の護《まも》りを考えない国民が滅《ほろ》びても、世界の誰《だれ》も同情しない

C――　モーセ様からご覧になっても、「日本の未来は暗い」ということでしょうか。

モーセ　ああ。中国に負ける。政治指導者が、あの状態で、マスコミが、この状態だったら、もはや、可能性は少ないね。一パーセントぐらいしかないかな。

C――　一パーセント……。

モーセ　九十九パーセントは敗れる。とても間に合わない。

徹底的《てっていてき》に悪いことを考えている人間や国家というものに対して、あなたがたには、まったく備えがなさすぎる。「人類の歴史をよく読めば、そういうことは、いくらでも起きている。それが、なぜ分からないのか」ということだね。

だから、「植民地化される」という予言もあるが、それは、いいほうだろう。「まだ生かしてくれる」ということならね。

イエスの時代のイスラエルも、ローマの植民地で、属領であったからね。そういうかたちで生きていくことは可能かもしれない。

イエスも、この世では、〝シーザー〟に勝てなかったのだよ。

C――　しかし、そうした直近の危機をかい潜《くぐ》ってでも、最終的には地球人類の勝利を目指していきたいと思います。

その上で、何かアドバイスがございましたら、教えていただきたいと思います。

モーセ　去年と今年で二つの選挙をやって、日本が救われないことは、もう決まったのではないかな。世論《せろん》を変えることはできないでしょう。

〝タイタニック号〟が氷山に当たって沈《しず》むから、「退避せよ」と言って、避難勧《かん》告《こく》を出しても、人々は、音楽に酔《よ》いしれ、食事に酔いしれ、ダンスパーティーをやっている。それが今の日本の状態なんですよ。

「この客船は絶対に沈まない」という、会社側の宣伝を信じている状態かな。「氷にぶつかったぐらいで、まさか沈むはずがない」と思っている。そして、「実際に沈没《ちんぼつ》する際には、全員が退避するだけの避難ボートがない」ということだ。

まあ、政治家を責めてもよいが、政治家は、辞《や》めるのは自由なので、最終的に国民の責任として返ってくることになるだろう。

でも、そうなった原因は、ただ国民の無明《むみょう》だけにあるとは言えないと思う。残念ながら、あなたがたの二十数年間の努力が十分には結実しなかったと思われる。これについては、「人間的な努力として、十分に成功しえなかった」というところもあると思う。

まあ、しかたがないのだよ。私も、奴隷を率いて「出《しゅつ》エジプト」を図ったが、当時のファラオの軍隊に、奴隷の群れが勝つことはできなかったのだよ。逃《に》げるのが精いっぱいであってね。それが、この世の現実なんだよ。

だから、戦後六十五年もたって、まだ、自国の護《まも》りさえ考えることができない国民が滅《ほろ》びても、世界の誰《だれ》も同情しないと思うね。「愚かである」という、ただそれだけのことであるから。

勝つことではなく、日本人たちの逃《に》げ道を考えよ

C――　モーセ様が先ほどおっしゃいました、一パーセントの可能性に……。

モーセ　まあ、訊《き》いても無駄《むだ》だよ。「九十九パーセントは、そうならない」と言っているのですから。

C――　しかし、その一パーセントに懸《か》けたいと思っています。

その一パーセントに懸けるに当たり、私どもにアドバイスをいただければと存じます。

モーセ　残念だけど、手遅《ておく》れだね。

Ｃ――　手遅れでございますか……。

モーセ　うん。この二十年間の実りが本物でなかったから、手遅れだね。残念であったね。先ほど誰かが言っていたが、ホタルの光のようなものであったかな。悲観的な言い方で申し訳ないけれども、あなたがたは、もう、勝つことを考えるのではなく、この国の人たちの逃《に》げ道を考えなければいけないと思います。

2　今後、中国はどうなるのか

中国を大きくした責任は日本にある

C――　では、少し視点を変えさせていただきます。

私たちが迎《むか》える危機は、ひとえに、隣《となり》の唯物論《ゆいぶつろん》国家、中国の力によるところが大きいと思います。

そこで、今後の中国について、教えていただければと思います。

モーセ　まあ、中国を大きくしたのは日本ですから。日本が、あの国を大きくしたのですから。

〝狼《おおかみ》〟に食料をたくさん運んだのは日本ですからね。羊が狼に食料をたくさん運んで、力を付けさせたのです。

日本に国家戦略がなかったことについては、「不明だ」と言わざるをえないでしょう。

遡《さかのぼ》ってみれば、政治家の罪もあるでしょう。

ただ、第二次大戦で、すでに一度、滅《ほろ》びており、「二度目の滅びが来る」というだけのことですから、慣れてはいるでしょう？

アメリカに占領《せんりょう》され、一度目の滅びを経て、その滅びを「繁栄《はんえい》だ」と国民に錯《さっ》覚《かく》させていたけれども、「第二の滅びが、やがて来るだろう」と、今、言っているのです。

それについても、また、「繁栄だ」とすり替《か》える人もいるでしょうね。今の政治指導者は、そういう人たちでしょうから、「偉大《いだい》な中国の一部になれて、みなさんは幸福になったんだ」と、彼らは言い逃《のが》れをするでしょう。

それが日本の最期《さいご》でしょう。

C――　先ほど、黙示録《もくしろく》のヨハネ様は、「アメリカが倒《たお》れたのち、中国が覇権《はけん》を握《にぎ》っていく」と言われましたが、モーセ様も、そのようにお考えでしょうか。

モーセ　悪は最大限まで成長するだろう。最大限まで成長し、周りのものを食い尽《つ》くした上で、最後には自らも滅びていくだろう。

イスラム教を捨てなければ、イスラム圏《けん》も中国にのみ込《こ》まれる

C―― そうすると、残るのはイスラム教国家ですが、次の展開は「中国対イスラム圏《けん》」の戦いになるのでしょうか。

モーセ 「アメリカ対イスラム圏」の戦いは、すでに二十世紀から始まっていて、今後も続くと思っていたが、アメリカのほうが衰退《すいたい》していくと、次に、イスラム圏でも、「中国にのみ込《こ》まれるかどうか」の戦いが始まるでしょう。

イスラム圏は、イスラム教の教義を全部捨ててしまわないかぎり、防衛することはできないでしょう。彼らには、自ら発展を妨《さまた》げているところがあるからね。

イスラム圏は、日本に対して、「もっと強くなってほしい」と、本当は願って

いるだろうと思う。そして、「中国の防波堤《ぼうはてい》になってほしい」と思っている。

しかし、日本国民の本心が、これほど愚《おろ》かであることを、まだ十分には分かっていないのだろうね。

イスラム圏は、「アメリカは敵だ」と思っているが、日本が大きくなって、アメリカからも中国からも、自分たちを護《まも》ってくれるような国になることを、おそらくは望んでいると思うけれども、この国の政治指導者は、そういうことを理解するだけの能力がないでしょう。

3　地球環境《かんきょう》の変化と天変地異

地球には、すでに〝死滅《しめつ》への始まり〟が起きている

C――　次に、地球環境《かんきょう》の変化や天変地異について、お伺《うかが》いしたいと思います。今後、地球の温暖化や寒冷化、あるいは、ポールシフト（地軸《ちじく》の移動）等の天変地異が起きる可能性はあるのでしょうか。

モーセ　それは、すでに始まっていると思いますね。もう、とっくに始まっています。

まあ、それを公《おおやけ》にするのがいいのかどうかは分かりませんがね。公にすると、それを神の力と思うか、悪魔《あくま》の力と思うか、人の見方は、いろいろでありましょうからね。

ある程度、予見しているものはあります。ただ、それは不幸の予言に当たります。「この国に、こういう災害が起きる」というようなことを予言して、あなたがたがリスクを背負うことがいいかどうか、私には判断がつきかねるところがあるのです。

それを言うことによって、あなたがたの伝道活動が進むなら、いいけれども、進まない可能性もあります。〝カルト宗教家〟扱《あつか》いをされ、かえって進まなくなるかもしれないので、あまり明確に言いたくはないのです。

ただ、あなたがたにも、いちおう危機は来るけれども、おそらく、アメリカや中国、ロシアにも危機は来ると思いますよ。そうとうな危機は来ると思う。

そして、危機が来るからこそ、そのような覇権《はけん》主義が同時に加速してくるのです。

C―― すでに始まっていると……。

モーセ すでに始まっています。もう、始まって十年を過ぎていますね。

C―― 具体的には、例えば温暖化等でしょうか。

モーセ まあ、振《ふ》り返って見れば、全部、分かってきますよ。一九九九年についての「ノストラダムスの予言」が外れたと思ったら、大間違《おおまちが》いで、そのあたりを起点にして、すでに地球には〝死滅《しめつ》への始まり〟が起きているのです。

C――　そうしますと、モーセ様からご覧になって、一九九九年の「ノストラダムスの大予言」は外れていなかったと……。

モーセ　外れていないですね。

C――　うーん。

人類は大きな危機を迎《むか》え、漂流《ひょうりゅう》し始めた

モーセ　本当は、人類は大きな危機を迎《むか》えていたのです。そして、その後《ご》、「漂《ひょう》

流《りゅう》し始めた」というところでしょうか。

これから起きることには、具体的に言うことが、あまりにも忍《しの》びない内容のものが多すぎるので、あなたがたの任を超《こ》えたことかもしれません。

残念ながら、日本の政治に期待することはできないし、まあ、日本人は「漂流する民《たみ》」になるでしょうな。

C――　今のシナリオは、従来の政治家が指導者となっていった場合だと思います。

しかし、われら幸福実現党は、去年、今年と戦ってきており……。

モーセ　もう、そういう政党はないんだよ。君、そういう政党はないんだよ。それは、もう、この日本の国には存在しないんだよ。世間の九十九・何パーセントもの人たちが無視しているんだよ。そういう政党は存在しないんだよ。君たちの内にだけ存在するんだよ。

世を変える力なんか何もない。自分たちの満足にしかすぎないんだよ。残念だったね。そのもとは宗教のほうの力不足です。

C――　私ども弟子《でし》の力不足については、本当に申し訳なく思っております。

モーセ　まあ、やればやるほど、かえって、あなたがたの滅《ほろ》びが早まるだけだろうね。日本が滅びる前に、あなたがたのほうが滅びるだろう。だから、そんなに期待しないほうがいいと思うよ。

C――　私からは以上です。

私は、一パーセントの可能性に懸《か》け、頑張《がんば》ってまいりたいと思います。

ありがとうございました。

質問者を替《か》わらせていただきます。

モーセ　まあ、過去の宗教の歴史を、もっとよく勉強するようにね。そうしたら、どんなことが起きたかが、よく分かるから。

C――　はい。

4　今後の国際情勢を、どう見るか

今、日本は〝最後の使命〟を果たそうとしている

D――　モーセ様、本日はこのような機会を賜《たまわ》りまして、まことにありがとうございます。私は、幸福の科学出版で一般書《いっぱんしょ》の編集を担当しております○○と申します。

私がお伺《うかが》いしたいのは、「モーセ様が見られている未来は、ヨハネ様が見られている未来と同じものであるのかどうか」ということです。

先ほどのお話では、「日本については、一パーセントの可能性、希望しかない」

とのことでしたが、やはり、「日本は厳しい」ということなのでしょうか。

モーセ　日本は、今、〝最後の使命〟を果たそうとしているところかな。「沈《しず》んでいく船が、危険を知らせるための最後の発炎筒《はつえんとう》をたいている」というような状況《じょうきょう》に近いかもしれないね。

ただ、世界には国がたくさんあるから、全部が死滅《しめつ》するわけではないであろう。どんな国であっても、信者の百人もつくっておけば、いずれ、そこから芽が吹《ふ》いてくることはあるだろう。

だから、幸福の科学は国際部門のほうを、しっかりと頑張《がんば》ったらいい。二百カ国全部が滅《ほろ》びることはないと思うよ。国際方面を頑張っておいたらいいよ。どこかから、また芽が吹いてくることもあるだろう。

日本は、今の状況では厳しいだろうと思うね。あなたがたには、急いで成果をあげたい気持ちがあるだろうけれども、私は、むしろ、「戦力を温存すべく、巧《こう》妙《みょう》に生き延びろ」ということを述べたい。

だから、あまり表に出すぎないほうがいいのではないか。そうしないと、迫害《はくがい》が身に及《およ》ぶだろう。

すでに時の政府と対決を続けているのだろうから、あまり自ら弾圧《だんあつ》を呼び込《こ》まないようにしたほうがいいと思うね。

宗教は宗教として、外からは、あまり派手に見えないよう、上手に〝密教化〟して、生き延びていったほうが、まだ可能性はあると思う。

「誰《だれ》が見ても反対しにくい社会的活動は、やってもよいと思うけれども、あまりにも明確に敵が出る社会的活動は、それほど派手にやらないほうが身のためである」と思いますね。おそらくは迫害を生むことになるだろう。今、極《きわ》めて危険なところまで来ていると思う。

十年以内に中東の地で〝最終戦争〟が起きる

D――　日本の未来についてお伺いしましたが、アメリカについては、どのような未来が待っているのでしょうか。

モーセ　アメリカは、まあ、二〇五〇年ぐらいまでは存在すると思うけれども、それから先については分からない。

D――　順序が逆になってしまったかもしれませんが、今、イランを中心としたイスラム圏《けん》と、イスラエルという国の対立が、懸念《けねん》されております。これにつきましては、どのような未来が予想されますでしょうか。

モーセ　この地で〝最終戦争〟が起きる。長らく予言されていた最終戦争が、それこそ、この地で起きるだろう。

核《かく》戦争が起きると思う。中東の地が最終戦争の地になるだろう。ただ、あなたがたには関係がないかもしれない。あなたがたは何らの関与《かんよ》もすることはできないから。

中東の地が、予言どおり、最終戦争の地になる可能性は極めて高いだろう。そして、また文明が滅びる。

D――　最終戦争ということであれば、そのときまで、まだ時間はあるわけでしょうか。

モーセ　いや、近いです。あなたがたの成長を待っているほど、ゆっくりとしたものではありません。同じく、時間的には、もう十年もないと思います。

悪の枢軸《すうじく》が力を増し、民主主義国家を滅《ほろ》ぼす

D――　そのほかに、何か、将来についての具体的な予言がございましたら、お教えいただければと思います。

モーセ　悪の枢軸《すうじく》は、連合して力を増してくると思いますよ。悪の枢軸が民主主義的なる国家を滅《ほろ》ぼしにかかってくるのが、これからの時代です。そして、皮肉なことに、民主主義的な国家のほうが負けるでしょう。

だから、しばらくは、恐《おそ》ろしい時代が続くでしょう。

ただ、その悪の枢軸の国家も、また、最終的な勝者となることはできず、滅びの門をくぐることになるだろうとは思います。

中国は「元《げん》」のような大帝国《だいていこく》を目指す

モーセ　だから、やはり、すべては、「中国の国家戦略」を読み取ることに懸《か》かっていると思います。

いちばん懸念《けねん》されるのは、「中国が、ロシアやパキスタン、北朝鮮《きたちょうせん》もしくは朝鮮半島全部、イラン辺りを足場にし、さらに、東南アジアからアフリカにまで入り込んだときには、これを覆《くつがえ》す力がもう地球上にはなくなる」ということです。

中国は、かつての「元《げん》」の国の復活を目指しているようだ。元の国は、その軍隊が通り過ぎていったあとには、もう何も遺《のこ》らないような国であったと思うが、おそらく、中国は、そういう大帝国《だいていこく》を目指すであろうから、その動きは激しいものになるだろう。

あなたがた日本人は、今、「アメリカか、中国か」という板挟《ばさ》みで苦しんでいるけれども、次は、「中国か、イスラム圏か」という選択肢《せんたくし》で苦しむようになるだろうね。

だから、残念だけれども、あなたがた幸福の科学は、もっともっと大きな戦力を国際部門のほうに割《さ》いていかなくてはならないだろう。

日本のほうには、「今あるお金をかき集めるだけの機能しかない」と思ったほうがいいかもしれない。この国の政治は見込みがないね。

D――　インドという国の可能性については、どうお考えでしょうか。

モーセ　まあ、一つの希望ではあるけれども、残念ながら、今のままでは中国に勝てないだろう。だから、「インドが中国に対して本格的に対抗《たいこう》する」ということになったら、侵略《しんりゃく》戦争を仕掛《しか》けられることになると思う。

インドは、中国のような一枚岩ではなく、あまりにも多様な価値観を持ちすぎている。ただ、中国は、自らの力ではなく、パキスタンを使ってインドを滅ぼそうとしているので、老獪《ろうかい》だな。

D――　中国が拡張していくのは、もう、ほぼ確実であろうと思うのですが、一方、経済的な面で言うと、地上には、「中国の経済には、まだ脆弱《ぜいじゃく》なものがある」という見方もあります。モーセ様が天上界《てんじょうかい》からご覧になって、やはり、中国の経済は……。

モーセ　いや、経済は、今、思っているようなものにはならないよ。世界全体に大いなるリセッション（景気後退）が起きるだろう。だから、おそらくは時計の針が逆に戻《もど》っていくだろう。

Ｄ――　中国は、経済が悪くても、軍事力を使って覇権《はけん》を拡大していくのでしょうか。

モーセ　ですから、あなたがたとは根本的に価値観が違《ちが》うのだよ。人類は運が悪かったね。ただ、そうした運の悪い指導者を選ぶことも、一つの運命だったのかもしれないとは思う。

5　日本に希望はないのか

「第二の占領《せんりょう》」に備え、避難所《ひなんじょ》となる友好国家との絆《きずな》をつくれ

D――　先ほど、「一パーセントの希望」に関する質問について、「それを訊《き》くことは無駄《むだ》である」とのお答えでした。ただ、くどいかもしれませんが、「人類、あるいは、日本や世界の人たちに希望はないのか」ということについて、再度、お伺《うかが》いしたく思います。

日本の政治指導者のなかには、中国の覇権《はけん》を食い止められる魂《たましい》、そういう器《うつわ》を持った人物はいないのでしょうか。

モーセ　（約十秒間の沈黙《ちんもく》）まあ、正直言って無理だね。

だから、避難所《ひなんじょ》をつくることを、まず考えたほうがいい。万一《まんいつ》のときに日本の避難所となる友好国家との絆《きずな》をつくり、〝バッファー〟をつくっておくことのほうが大事だね。それ自体は可能であろうから。

ただ、日本には、高圧的に来るものと戦って勝てるだけの力は、おそらくないだろう。日本と中国のＧＤＰ（国内総生産）が今年で引っ繰《く》り返るであろうけれども、その差が二倍になったあたりで、日本には、もう完全に戦闘《せんとう》意欲がなくなるだろうと思う。

また、日本は、そのように中国に逆転され、ＧＤＰが中国の半分になるような指導者を選び続ける国だろうと思う。

まあ、「貧乏神《びんぼうがみ》に取り憑《つ》かれている」と言わざるをえないね。

D――　その意味では、モーセ様がなされた「出《しゅつ》エジプト」のように、逃《に》げ道を考えておくことが必要なのでしょうか。

モーセ　ちょっと予想外の所を考えておいたほうがいいと思う。強固なイスラム圏《けん》は難しいし、キリスト教国でも、現在、あまりにも繁栄《はんえい》をつくりすぎている所もまた難しいであろう。

いずれにしても、自分たちを護《まも》ることができないような国が、他の国を護ることはできません。

そうですねえ、この国の政治家は、残念だけれども、むしろ存在しないほうがよかったかもしれません。判断すべき人が逆に判断したら、いかなるものであっても壊《こわ》れますから。逆判断をするぐらいなら、いないほうが、むしろよろしいでしょう。

ただ、そのカルマの刈《か》り取りに、国民は、あまりにも多くの代償《だいしょう》を払《はら》わなければならないと思います。

だから、「第二の占領《せんりょう》」に備えて手を打ったほうがよいと思います。

D――　その「第二の占領」に備えるために、幸福の科学は、どのような手を打つべきなのでしょうか。

モーセ　ですから、今、アフリカに〝点〟が一つ打てているのでしょう?　それから、インドに手を打とうとしているのでしょう?

さらに、オーストラリア、ニュージーランド、カナダ、そうした所と、あとは、ヨーロッパで、どこか一カ国でも押《お》さえられればいいですね。

政治と宗教があまり強すぎない国がいいと思います。

そして、今、本当は、アメリカとロシアとを組ませなければいけないのだけれども、おそらく、そのようにはならないでしょうね。

日本とロシアの関係も、残念ながら、見識が不足しているために進まないでいると思います。「しばらくは中国の時代になる」と思っていいでしょう。

常識的には、「韓国《かんこく》が北朝鮮《きたちょうせん》を併合《へいごう》する」と思うでしょう。韓国と北朝鮮の関係だけであれば、そうなります。しかし、アメリカが引いていき、中国が北朝鮮との同盟関係を強めた場合には、「韓国が北朝鮮に併合される」ということもあります。

二度目の占領《せんりょう》で国が滅《ほろ》びるかどうかが「一つの試金石《しきんせき》」

Ｄ――　「今、地上にいる政治指導者」という意味で、中国には、力のある指導者が出ているのでしょうか。

モーセ　うん。悪魔《あくま》が結集していますからね。今、この世的には力があります。それを弱めるには、宗教を解き放つ以外にありません。

しかし、中国が、宗教国家、仏教国家等を、どんどん占領《せんりょう》している、あの姿を見れば、お分かりでしょう。神仏《しんぶつ》に敵対するものを、なかに持っていますよ。

その国を、謝罪を続けて肥え太らせたのは日本です。ですから、「日本の罪は重い」と私は思います。

さらに、「アメリカは歴史観において誤りがあった」と思います。日本を〝滅《ほろ》ぼす〟ことによって、中国やソ連という、〝間違《まちが》った帝国《ていこく》〟を繁栄させてしまったアメリカは、そのツケを払わなければならなくなってくるでしょう。

日本は、すでに占領されたことのある国なので、二度目の占領が来ることは、それほど珍《めずら》しいことではありません。「その間《かん》に自立できなかった」ということです。

「二度目の占領で本当に国が滅びるかどうかが一つの試金石《しきんせき》だ」と思います。

大きな迫害《はくがい》があなたがたの身に及《およ》ばないように祈《いの》りたい

D――　最後に、モーセ様より、日本人に対して、あるいは主を信じる信仰者《しんこうしゃ》に対して、何かメッセージがあれば、お願いしたいと思います。

モーセ　（約十五秒間の沈黙）「願わくは、大きな迫害《はくがい》があなたがたの身に及《およ》ばないように祈《いの》りたい」ということですね。

あまり、大きな夢を追い続けることなく、賢《かしこ》く生き延びるように努力したほうがいいと思います。残念ながら、あなたがたの力は弱く、これから、あなたがたを迫害しようとする者の力は強大です。

D――　本日は、尊いご教示を賜《たまわ》りまして、まことにありがとうございました。質問は以上とさせていただきます。

モーセ　はい。

6　今回の二人の予言を、どう受け止めるか

大川隆法　なるほど。エドガー・ケイシーの予言のほうが、まあ、〝中道《ちゅうどう》〟ですか。今回の予言は、もっと厳しいですね。

これは、「日本には〝迷走政権〟がまだ続く」ということでしょう。彼らは、けっこう頑張《がんば》るのではないでしょうか。どうやら、この国がボロボロになり、二流国に落ちるまで、〝頑張って〟くれそうです。

幸福実現党の新党首である立木秀学《ついきしゅうがく》は人気が出ませんか。

司会　いえ、それは、まだこれからでございます。

大川隆法　「幸福の科学には力が足りない」という見解は、予言をしてくれた霊人《じん》たちに共通しているので、おそらく、そうなのでしょう。

彼らが言っているのは、「日本に数多くある宗教の一つで、国民に認められるかどうかがやっとの宗教が、『国を救い、世界を救う』などと言っても、力が足りなすぎる。そういう大言壮語《たいげんそうご》をすれば、かえって迫害《はくがい》を招く公算が大きい」ということですね。

これは、ある意味では当たっているでしょうし、「私たちに力が足りなければ、救おうとしても、逆に、希望を持たせた人たちを不幸にしたり、迷わせたり、失望させたりしてしまうこともある」ということでもありましょう。

したがって、能天気であってはならないわけです。

日本国内にお金を置いておいても、やがて、なくなるかもしれないので、どうやら国際局の予算が増えそうですね。

国の内外を問わず、当会の信者が増えている所を大事にするとよいのではないでしょうか。海外には、すでに万の単位で当会の信者がいる国もあります。そういう国で信者数が大きく伸《の》びる可能性はあるでしょう。

キリスト教は、発祥《はっしょう》の地であるイスラエルで流行《はや》ったのではなく、ほかの所で流行ったのですから、当会の教えも、どこで弘《ひろ》まるかは分かりません。いろいろなリスクを考え、それをヘッジ（事前対策）しておいたほうがいいようです。

ただ、「この国の政治については、悪い選択《せんたく》が続きそうだ」という予感だけはします。

なお、予言は今回で終わりではありません。「今回は厳しめのものだ」と思って聴《き》くとよいと思います。

今回の二人は両方とも「表側」［注］の人ではないでしょうから、われわれの意見と必ずしも一致《いっち》するわけではないと思いますが、教訓になる面はあるので、教訓として聴いておいたほうがよいでしょう。

司会　はい。ありがとうございました。

［注］霊界には、「次元」という上下の差だけではなく、横の広がりとして、愛の実践《じっせん》や真理知識の獲得《かくとく》に励《はげ》む霊たちのいる「表側の世界」と、魔法使《まほうつか》いや仙人《せんにん》・天狗《てんぐ》など、技や力を誇示《こじ》する傾向《けいこう》を持つ霊たちのいる「裏側の世界」がある。天上界《てんじょうかい》の主流霊団であるエル・カンターレ系霊団は表側である。

あとがき

しょせん、人間の知恵などたかが知れたものかもしれない。諸行《しょぎょう》は無常《むじょう》であり、諸法《しょほう》は無我《むが》である。

たとえどのような未来が、日本人や世界の人々を待ち受けているとしても、燈《とう》台《だい》の光を守り続ける。その使命をたんたんと果たしてゆきたい。

二〇一〇年　十月六日

宗教法人幸福《しゅうきょうほうじんこうふく》の科学総裁《かがくそうさい》　大川隆法《おおかわりゅうほう》

『人類に未来はあるのか』大川隆法著作関連書籍

『黄金の法』（幸福の科学出版刊）
『エドガー・ケイシーの未来リーディング』（同右）
『宇宙人との対話』（同右）
『宇宙人リーディング』（同右）
『世界の潮流はこうなる』（幸福実現党刊）

人類《じんるい》に未来《みらい》はあるのか ――黙示録のヨハネ & モーセの予言――

2010年10月22日　初版第1刷

著　者　　大《おお》　川《かわ》　隆《りゅう》　法《ほう》

発行所　　幸福の科学出版株式会社

〒142-0041 東京都品川区戸越1丁目6番7号
TEL(03)6384-3777
http://www.irhpress.co.jp/

印刷・製本　株式会社 堀内印刷所

落丁・乱丁本はおとりかえいたします

ISBN978-4-86395-081-8 C0014

大川隆法最新刊・宗教の違いを知る

宗教イノベーションの時代

目からウロコの宗教選び②

戦後、日本の新宗教のイメージをつくってきた教団の教祖たちが、霊言に登場！宗教学者も判らない真実が公開される。

第１章　立正佼成会「成功」の秘密に迫る<庭野日敬>
帰天後の天上界での生活　ほか

第２章　真如苑の「実態」を霊査する<伊藤真乗>
自分の死を自覚していなかった伊藤真乗の霊　ほか

第３章　創価学会の「功罪」を語る<池田大作守護霊>
大石寺との決裂について、どう思うか　ほか

1,700円

宗教決断の時代

目からウロコの宗教選び①

統一協会教祖・文鮮明（守護霊）、創価学会初代会長・牧口常三郎の霊言により、各教団の霊的真相などが明らかになる。

第１章　統一協会教祖の正体<文鮮明守護霊>
統一協会での「段階的な騙し方」とは
霊的に見た「統一協会の正体」　ほか

第２章　創価学会の源流を探る<牧口常三郎>
創価学会初代会長より、現在の考えを聴く
なぜ、法華経は人気があるのか　ほか

1,500円

幸福の科学出版